Inhalt

Offene Immobilienfonds - die Krise verschärft sich

Kernthesen

Beitrag

Fallbeispiele

Weiterführende Literatur

Impressum

GENIOS WirtschaftsWissen Nr. 10/2010 vom 05.10.2010

Offene Immobilienfonds - die Krise verschärft sich

J.Kessler

Kernthesen

- Mit dem "KanAm US-Grundinvest" wird erstmals in Deutschland ein offener Immobilienfonds abgewickelt.
- In der Krise befindet sich die Anlageklasse schon seit 2008.
- Inzwischen musste sogar schon ein Immobiliendachfonds dichtmachen.
- Die Bundesregierung will nun der Branche neue Regeln verordnen.
- Selbst der Branchenverband BVI hat jetzt erkannt, dass Immobilienfonds keine risikoarmen Produkte mehr sind.

Beitrag

Immobilienfonds wird erstmals aufgelöst

Bei den offenen Immobilienfonds verschärft sich die Krise. Mit dem "KanAm US-Grundinvest Fonds" wird erstmals in der 51-jährigen Geschichte dieser Anlageklasse ein Produkt abgewickelt. Der "KanAm US-Grundinvest" war seit Oktober 2008 durchgängig geschlossen und hätte bis Ende Oktober 2010 wieder öffnen müssen. Eine Befragung der Investoren ergab, dass diese nach der Öffnung mindestens 300 Millionen Dollar abgezogen hätten; und dies bei einem Fondsvolumen von 540 Millionen Dollar. Der amerikanische Fondsbetreiber KanAm hätte daraufhin derart viele Immobilien verkaufen müssen, dass gesetzliche Vorgaben, insbesondere zur Risikomischung und zur Streuung des Immobilienportfolios, nicht mehr hätten eingehalten werden können. Deswegen entschloss sich KanAm, den Fonds aufzulösen. Der KanAm US-Grundinvest ist der einzige auf US-Dollar lautende offene Immobilienpublikumsfonds in Deutschland. (1), (3)

Immobilienfonds seit 2008 in der Krise

In der Krise befindet sich die Anlageklasse schon seit 2008. Seither mussten zwölf Fonds wegen hoher Mittelabflüsse schließen. Zeitweise war mehr als ein Drittel des Branchenvermögens von knapp 90 Milliarden Euro eingefroren. Fast zwei Jahre nach der Massenschließung ist die Lage nicht besser: Noch immer sind mehrere Immobilienfonds dicht, Abwertungen bescherten einigen Anlegern in der Zwischenzeit zum Teil horrende Verluste. Mittlerweile ist die Krise auch auf die Immobiliendachfonds übergeschwappt. So musste Ende September der "Premium Management Immobilien-Anlagen-P-EUR" der Fondsgesellschaft Allianz Global Investors (AGI) seine Pforten dichtmachen. Der Fonds hatte überwiegend in offene Immobilienfonds investiert, die selbst die Anteilscheinrücknahme ausgesetzt haben. (3), (9)

Regierung will Branche reformieren

Das Bundesfinanzministerium will der Branche nun neue Regeln verordnen. Vorgesehen sind

Mindesthaltefristen und Rücknahmeabschläge. Demnach sollen Anleger, die Anteile an einem offenen Immobilienfonds kaufen, künftig mindestens zwei Jahre auf eine Rückgabe der Anteile verzichten. Ausgenommen sind Beträge von bis zu 5 000 Euro je Monat. Anschließend folgen zwei weitere Jahre, in denen gestaffelte Anreize dafür sorgen, dass die Anleger ihre Anteile möglichst nicht zurückgeben. Damit will man kurzfristig orientierte Spekulanten abschrecken. In der Vergangenheit hatten besonders institutionelle Anleger offene Immobilienfonds als Parkplatz für kurzfristige Liquidität benutzt. Und letztlich waren es auch die Institutionellen, die die Gelder abzogen und damit die Fonds in die Knie zwangen. [(4)](), [(5)](), [(8)]()

Trends

Unklar ist noch, wie es mit den offenen Immobilienfonds weitergeht. Die Ratinggesellschaft Scope geht davon aus, dass die Anlageklasse vor einer Marktbereinigung steht. Profitieren sollten davon die Fonds von Deka Immobilien, Union Investment Real Estate, RREEF Investment und Commerz Real Investment. Ganz anders sieht es der Bundesverband Investment und Asset Management (BVI). Für ihn handelt es sich beim "US-Grundinvest" um ein spezielles Produkt für eine spezielle Zielgruppe, also lediglich um einen Einzelfall. (1), (3), (9)

Auf Basis einer Umfrage unter 58 Kapitalanlagegesellschaften (KAG) und Vermittlern hat die Ratingagentur Scope einen "Geschäftsklimaindex Offene Immobilienfonds" errechnet, der künftig halbjährlich bekannt gegeben werden soll. Aktuell hat er 98 Punkte erreicht, was einer leicht negativen Stimmung in der Branche entspricht. Ein Indexstand von 100 steht für eine neutrale Bewertung. Auffällig waren die großen Unterschiede zwischen KAG und Vermittlern sowie innerhalb der Gruppe der Vermittler. Während die KAG die Geschäftslage im ersten Halbjahr 2010 überwiegend als "befriedigend" bezeichneten, reichte die Spannbreite bei den Vermittlern von "gut" und "sehr gut" (Bankberater) bis "unbefriedigend" und "schlecht" (zwei Drittel der freien Vermittler). Zu erklären ist dies mit den unterschiedlichen Produkten, die beide Gruppen vertreiben. Während Bankberater überwiegend "offene" Fonds im Angebot haben, leiden freie Vermittler unter den vielen von der Schließung betroffenen Fonds, die sie verkauft haben. Dies sind für Scope "klare Indizien für eine künftige weitere Bedeutungszunahme des Bankenvertriebs bei offenen Immobilienfonds". (2)

Zwar hat die Finanzkrise den Immobilienfonds schwer zugesetzt, dennoch ist die Branche auch selbst für die Misere verantwortlich. Offene

Immobilienfonds galten lange Zeit als sicher, aber renditeschwach. Das jedoch versprachen einige Anbieter zu ändern: Sie begriffen sich nicht als langweilige Bestandshalter, sondern als smarte Händler, die gezielt Marktzyklen ausnutzen. So entstanden riskante Fondsvarianten. Einige bauten ein Trading-Portfolio auf, andere, wie der US-Grundinvest, notierten in Dollar. Dazu kamen Immobiliendachfonds, die mit der Beimischung von Aktien die Rendite aufpeppen wollten. Doch damit stiegen auch die Risiken. Selbst der Branchenverband BVI hat inzwischen anerkannt, dass es sich bei offenen Immobilienfonds nicht mehr um risikolose Produkte handelt. (4), (5)

Fallbeispiele

Möglicherweise müssen neben dem "KanAm US-Grundinvest" noch weitere Fonds abgewickelt werden. Unter Druck stehen besonders die Anbieter Aberdeen und Morgan Stanley, die ihre Fonds ebenfalls bis Ende Oktober öffnen müssen. Aberdeen will dies auch tun. Sollten die Abflüsse das liquide Vermögen aufzehren, müsste der Fonds erneut schließen, und die Zweijahresfrist begänne von vorn. Morgan Stanley hat sich für seinen Fonds, den "P2 Value", noch nicht festgelegt. Problematisch ist bei beiden Fonds, dass sie in den vergangenen zwei

Jahren stark abgewertet haben. Anleger des "P2 Value" haben in der Zeit sogar rund die Hälfte ihres Vermögens verloren. Ihre Bereitschaft, weiterhin im Fonds zu bleiben, dürfte daher gering sein. (3)

Die Krise ist mittlerweile auch auf die Immobiliendachfonds übergeschwappt. So gab Allianz Global Investors (AGI) Ende September bekannt, dass sie die Anteilrücknahme für den "Premium Management Immobilien-Anlagen-P-EUR" aussetzt. Die Anleger hätten Anteile im Volumen von rund einer Milliarde Euro im laufenden Jahr zurückgegeben, so dass "die kurzfristig liquidierbaren Vermögenspositionen im Fonds weitestgehend aufgezehrt" seien. Der Fonds brachte zuletzt 1,76 Milliarden Euro auf die Waage. Verkauft hat man ihn vor allem an Privatanleger der Commerzbank. Der Fonds hatte überwiegend in offene Immobilienfonds investiert, die selbst die Anteilscheinrücknahme ausgesetzt haben. (5), (9)

Mit dem "UBS (D) 3 Sector Real Estate Europe" hat Anfang Oktober ein weiterer offener Immobilienfonds seine Gelder eingefroren. Die Anleger können in den kommenden zwölf Monaten keine Anteile zurückgeben. Grund für den Schritt waren massive Mittelabflüsse. Der Fondsbetreiber UBS Real Estate erklärt dies mit der Verunsicherung der Anleger, nachdem zuvor die Abwicklung des "KanAm US-Grundinvest" angekündigt worden war. (6)

Schon lange eingefroren ist der über sechs Milliarden Euro schwere "SEB Immoinvest". "Wir befinden uns in einer Warteposition", sagte die Vorstandsvorsitzende von SEB Asset Management, Barbara Knoflach. Zwar werde durch den Verkauf ausgewählter Immobilien derzeit gezielt die Kasse aufgefüllt. "Die Netto-Liquidität liegt im Moment aber erst bei sieben bis acht Prozent. Das reicht nicht zum Aufmachen", erklärte Knoflach. (7)

Die durchschnittliche Jahresrendite aller offenen Immobilienfonds gibt die Ratingagentur Scope für die vergangenen zwölf Monate mit 0,5 Prozent an. Spitzenplätze hätten der "Deka Immobilien-Europa" und der "Hausinvest Europa" mit jeweils 3,2 Prozent. Scope erwartet im Durchschnitt weiter sinkende Renditen. (2)

Weiterführende Literatur

(1) Erster offener Immobilienfonds wird aufgelöst "KanAm US-Grundinvest" schüttet bis Jahresende 250 Mill. Dollar aus - Problem Fondswährung Dollar aus Börsen-Zeitung, 01.10.2010, Nummer 189, Seite 3

(2) Bankberater geben Immobilienfonds gute Noten aus Börsen-Zeitung, 01.10.2010, Nummer 189, Seite 3

(3) Kanam bricht Tabu Fondsgesellschaft löst offenen Immobilienfonds auf // Experten erwarten weitere

Fälle
aus Financial Times Deutschland vom 01.10.2010,
Seite 17

(4) Immofonds-Schließung nur die Spitze des Eisbergs
Liquidierung - Noch vor wenigen Tagen erklärte ein Spitzenvertreter der Finanzbranche, das endgültige Aus dreier geschlossener Immobilienfonds sei noch lange nicht abgemacht. Jetzt macht der erste davon dicht. Die anderen werden folgen. Schuld tragen auch die Anbieter mit ihrem fahrlässigen Verhalten.
aus FINANCIAL TIMES Deutschland

(5) Immobilienfonds zum Risikoprodukt erklärt
aus Frankfurter Allgemeine Zeitung, 28.09.2010, Nr. 225, S. 19

(6) UBS friert Immobilienfonds ein
aus Süddeutsche Zeitung, 08.10.2010, Ausgabe München, Bayern, Deutschland, S. 26

(7) SEB will angeschlagenen Immobilienfonds noch nicht wieder öffnen
aus Handelsblatt Nr. 193 vom 06.10.2010 Seite 36

(8) Getrennte Wege Für Kleinanleger ändert sich bei offenen Immobilienfonds wenig - für Profis hingegen einiges
aus Financial Times Deutschland vom 04.10.2010, Seite 4SA04

(9) Offene Immobilienfonds Fonds-Anlegern drohen

weitere Schließungen
aus HANDELSBLATT online 01.10.2010 11:51:03

Impressum

Offene Immobilienfonds - die Krise verschärft sich

Bibliografische Information der deutschen Nationalbibliothek

Die Deutsche Nationalbibliothek verzeichnet diese Publikation in der deutschen Nationalbibliografie; detaillierte bibliografische Daten sind im Internet über http://dnb.d-nb.de abrufbar.

ISBN: 978-3-7379-0624-1

© 2015 GBI-Genios Deutsche Wirtschaftsdatenbank GmbH, Freischützstraße 96, 81927 München, www.genios.de

Alle Rechte vorbehalten. Dieses Werk ist einschließlich aller seiner Teile – z.B. Texte, Tabellen und Grafiken - urheberrechtlich geschützt. Jede Verwertung außerhalb der Grenzen des Urheberrechtsgesetzes bedarf der vorherigen Zustimmung des Verlags. Dies gilt insbesondere auch für auszugsweise Nachdrucke, fotomechanische Vervielfältigungen (Fotokopie/Mikroskopie), Übersetzungen, Auswertungen durch Datenbanken oder ähnliche Einrichtungen und die Einspeicherung und Verarbeitung in elektronischen Systemen.